DOCUMENTOS DA CNBB – 52

CONFERÊNCIA NACIONAL DOS BISPOS DO BRASIL

ORIENTAÇÕES PARA A CELEBRAÇÃO DA PALAVRA DE DEUS

32ª Assembleia Geral
Itaici, SP, 13 a 22 de abril de 1994

Paulinas

25ª edição – 2011
9ª reimpressão – 2024

Nenhuma parte desta obra poderá ser reproduzida ou transmitida por qualquer forma e/ou quaisquer meios (eletrônico ou mecânico, incluindo fotocópia e gravação) ou arquivada em qualquer sistema ou banco de dados sem permissão escrita da Editora. Direitos reservados.

Cadastre-se e receba nossas informações
paulinas.com.br
Telemarketing e SAC: 0800-7010081

Paulinas
Rua Dona Inácia Uchoa, 62
04110-020 – São Paulo – SP (Brasil)
📞 (11) 2125-3500
✉ editora@paulinas.com.br

© Pia Sociedade Filhas de São Paulo – São Paulo, 1994

INTRODUÇÃO

Há alguns anos a Linha 4 — Dimensão Litúrgica da CNBB — vem trabalhando o importante tema das Celebrações Dominicais da Palavra de Deus. Uma pesquisa realizada nos anos de 1989-1990, respondida por 159 Dioceses, numa porcentagem de 65% sobre o total, revelou que esta é uma das formas celebrativas mais frequentes. Aproximadamente 70% das comunidades reúnem-se e celebram os mistérios da fé ao redor da Palavra de Deus.

A celebração da Palavra de Deus é um ato litúrgico reconhecido e incentivado pela Igreja. Sua reflexão torna-se ainda mais significativa se considerarmos o apreço das comunidades pela leitura e meditação da Sagrada Escritura e a prática da Leitura Orante.

A Palavra de Deus é acontecimento, onde o Pai entra na História, onde o Filho prolonga o mistério de sua Páscoa e o Espírito atua com sua força. As celebrações da Palavra de Deus, especialmente aos domingos, fundamentam-se no caráter sacerdotal de cada batizado e de cada batizada. "Ele fez para nós um Reino de Sacerdotes", nos recorda o Apocalipse. "Ele te unge sacerdote", repetimos em cada celebração batismal. Isto é, cada celebração da Palavra é uma forma do povo consagrado "proclamar as maravilhas daquele que nos chamou das trevas à luz".

As celebrações da Palavra de Deus não são uma criação das *últimas décadas,* mas fazem parte da tradição da Igreja. As comunidades primitivas criaram uma estrutura própria de celebração da Palavra — o ofício divino. Hoje existem, nas comunidades católicas do Brasil, diversos roteiros da celebração da Palavra de Deus. A finalidade destas celebrações é a de assegurar *às* comunidades cristãs a possibilidade de se reunir no domingo e nas festas, tendo a preocupação de inserir suas reuniões na celebração do ano litúrgico e de as relacionar com as comunidades que celebram a Eucaristia.

O presente texto foi examinado e aprovado de modo geral pelos Bispos Responsáveis por Liturgia em agosto de 1992 e em março de 1993. Foi depois apresentado na 31ª Assembleia Geral em 1993, onde se resolveu que voltasse às bases diocesanas para ser aperfeiçoado através do estudo das Equipes de Liturgia.

Finalmente, na 32ª Assembleia Geral, em 1994, foi aprovado em votação unânime.

A Páscoa do Senhor e a luz de seu Espírito iluminem o discernimento pastoral de todos quantos colaboraram no enriquecimento deste texto.

Dom Clemente José Carlos Isnard
Bispo responsável pela Linha 4.

PRIMEIRA PARTE

Sentido litúrgico
da celebração da Palavra de Deus

1. "Entre as formas celebrativas que se encontram na tradição litúrgica, é muito recomendada a celebração da Palavra de Deus"[1] para o alimento da fé, da comunhão e do compromisso do Povo de Deus[2]. Ela é ação litúrgica reconhecida e incentivada pelo Concílio Vaticano II: "Incentive-se a celebração sagrada da Palavra de Deus, nas vigílias das festas mais solenes, em algumas férias do Advento e da Quaresma, como também nos domingos e dias santos, sobretudo naqueles lugares onde falta o padre"[3].

2. Em terras latino-americanas a realidade da "falta de ministros, a dispersão populacional e a situação geográfica do Continente fizeram crescer a consciência" da importância das celebrações da Palavra de Deus[4].

---

1 Congregação para o Culto Divino, *Celebrações Dominicais na Ausência do Presbítero* (CDAP), n. 20.
2 Cf. CNBB, Doc. 43, n. 95.
3 SC 35.4.
4 Puebla, 900.

3. Medellín, ao mesmo tempo que realça o valor desta forma celebrativa, sublinha sua relação com as celebrações sacramentais: "Fomentem-se as sagradas celebrações da Palavra, conservando sua relação com os sacramentos nos quais ela alcança sua máxima eficácia, e particularmente com a Eucaristia"[5].

4. Puebla recomenda as celebrações da Palavra presididas por diáconos ou leigos,[6] como ocasiões propícias de evangelização[7]. Estas, "com uma abundante, variada e bem escolhida leitura da Sagrada Escritura, são de muito proveito para a comunidade, sobretudo, para a realização da celebração dominical"[8].

5. É nesta celebração que muitas comunidades encontram o alimento de sua vida cristã. Formadas por gente simples, em luta pela sobrevivência e mais abertas à solidariedade, estas comunidades, espontaneamente, unem a Escritura à vida e, criativamente, integram preciosos elementos da religiosidade popular e de sua cultura[9],

6. Pela Palavra de Deus, as comunidades celebram o mistério de Cristo em sua vida. Depois dos sacramentos, a celebração da Palavra é a forma mais importante de celebrar[10]. Isto exige de nós uma reflexão teológica mais aprofundada e uma maior atenção pastoral.

---

5 Medellín 9, 14; cf. CNBB, Doc. 26, n. 229.
6 Cf. Puebla, 944.
7 Cf. Puebla, 946.
8 Puebla, 929.
9 Cf. CNBB, Doc. 43, n. 97.
10 Cf. ibidem, n. 93.

7. Nas diferentes formas celebrativas e na diversidade de assembleias das quais os fiéis tomam parte, exprimem-se os múltiplos tesouros da única Palavra de Deus. Isto acontece no transcorrer do ano litúrgico, em que se recorda o mistério de Cristo em seu desenvolvimento, como na celebração dos sacramentos e dos sacramentais da Igreja, e também nas respostas de cada fiel à ação interna do Espírito Santo. Deste modo, a celebração litúrgica, converte-se num acontecimento novo e enriquece a palavra com uma nova interpretação e eficácia[11].

Deus fala e age em favor de seu povo

8. A Palavra de Deus está viva e atuante hoje na comunidade eclesial. Deus continua a falar aos seus filhos em Jesus Cristo, pelo Espírito Santo. Vale-se da comunidade dos fiéis que celebra a liturgia, para que a sua Palavra se propague e seja conhecida, e seu nome seja louvado por todas as nações[12].

9. O mistério da salvação, que a Palavra de Deus não cessa de recordar e prolongar, alcança seu mais pleno significado na ação litúrgica. Assim, a Palavra de Deus é sempre viva[13] pelo poder do Espírito Santo, e manifesta o amor ativo do Pai. A Palavra nunca deixa de ser eficaz[14]. Ela contém, realiza e manifesta a aliança que Deus firmou com seu povo.

---

11 Cf. *Ordo Lection Missae* (OLM), n. 3.
12 Cf. OLM, n.7; cf. CNBB, Doc. 26, n. 71.
13 Cf. Hb 4,12.
14 Cf. OLM, n. 4; cf. CNBB, Doc. 43, n. 77.

10. A Palavra de Deus é um "acontecimento" através do qual o próprio Deus entra no mundo, age, cria, intervém na História do seu povo para orientar sua caminhada. "Ela é como a chuva e a neve que descem do céu e para lá não voltam, sem terem regado a terra, tornando-a fecunda e fazendo-a germinar, dando semente ao semeador e o pão ao que come. Ela não torna a ele sem ter produzido fruto e sem ter cumprido a sua vontade"[15]. Ela é poder[16] e força criadora de Deus[17] que se dirige pessoalmente a cada um, hoje[18]. Nesta perspectiva, as celebrações da Palavra, sob a ação do Espírito Santo, se constituem em memória reveladora dos acontecimentos maravilhosos da salvação. O testemunho de vida do próprio ministro da Palavra tem sua importância.

Memória e presença de Jesus Cristo

11. O centro e a plenitude de toda a Escritura e de toda a celebração litúrgica é Jesus Cristo, palavra e sinal do amor com que Deus intervém e age para salvar seu povo: presença divina ativa entre nós[19]. Ele é uma presença contínua na Igreja através da Eucaristia e dos demais sacramentos, da assembleia e do ministro, da Palavra proclamada e da oração comunitária[20]. "Onde se

---

15 Is 55,10-11.
16 Cf. 2Cor 6,7.
17 Cf. Sl 148,5.
18 Cf. Sto. Agostinho, *In IUoann. Ev. tract.* 30,7.
19 Cf. Ef 1,9;3,9; Cl 1,27; 1Tm 3,16.
20 Cf. SC 7,33; Mt 18,20; 28,20; Mc 16,19-20; *Instr. Euchr. Misterium*, n. 9; IGMR, n. 33; CNBB, Doc. 43, n. 78.

proclama a sua soberania aí está o Senhor presente"[21] e, realizando o mistério da salvação, nos santifica e presta ao Pai o culto perfeito[22]. A liturgia é a celebração da obra salvífica de Cristo. É ele quem realiza o projeto do Pai.

12. Na proclamação da Palavra, Cristo continua falando a seu povo, como profeta e sacerdote. Os fiéis, escutando a Palavra de Deus, reconhecem que as maravilhas, ali anunciadas, atingem a plenitude no mistério pascal[23]. A exemplo das comunidades primitivas, os irmãos reunidos para a escuta da Palavra na celebração fazem a experiência da presença viva do Ressuscitado[24]. Pois, também, através da celebração da Palavra de Deus, faz-se memória do mistério pascal de Cristo morto e ressuscitado.

Ação e presença do Espírito Santo

13. O ambiente celebrativo da Palavra de Deus evidencia a relação existente entre a Palavra proclamada e celebrada e a ação do Espírito Santo. "Para que a Palavra de Deus realmente produza nos corações aquilo que se escuta com os ouvidos, requer-se a ação do Espírito, por cuja inspiração a Palavra de Deus se converte em fundamento, em norma e ajuda de toda a vida. A atuação do Espírito Santo não só precede, acompanha e segue toda a ação litúrgica, mas também sugere ao

---

21 *Didaqué*, IV. 1; cf. Hb 13,7.
22 Cf. OLM, n. 4.
23 Cf. CDAP, n. 20.
24 Cf. Jo 20,19.26; 21,4ss; Lc 24,30-32.

coração de cada um tudo aquilo que, na proclamação da Palavra de Deus, foi dito para toda a comunidade dos fiéis; e, ao mesmo tempo que consolida a unidade de todos, fomenta também a diversidade de carismas e a multiplicidade de atuações"[25].

14. A acolhida da Palavra, a oração de louvor, de ação de graças e de súplica que ela suscita, é ação do Espírito, "pois não sabemos o que pedir como convém; mas o próprio Espírito intercede por nós com gemidos inefáveis"[26]. "Ninguém pode dizer Senhor Jesus, senão pelo Espírito Santo"[27]. A escuta da Palavra de Deus se torna compromisso de fé e de conduta cristã pela força do Espírito Santo. "Tornai-vos praticantes da Palavra e não simples ouvintes"[28]. Deste modo, o Espírito de Deus introduz os fiéis na celebração e na experiência cristã da riqueza libertadora da Palavra de Deus e por ele a Palavra se transforma em acontecimento de salvação no coração da História.

15. O Espírito Santo agiu na vida de Cristo, ele está presente e atua na vida dos seguidores do Ressuscitado. Vivifica a ação celebrativa tornando-a frutuosa para a comunidade eclesial, que atualiza o passado e antecipa os definitivos acontecimentos da salvação na esperança da glória futura[29].

---

25 OLM, n. 9; cf. Jo 16,15; 14,26.
26 Rm 8,26; Gl 4,6; cf. OLM, n. 6.
27 1Cor 13,3.
28 Tg 1,22; cf. OLM, n. 6.
29 Cf. Hb 13,8.

Ação comunitária da Igreja

16. A liturgia é ação comunitária da Igreja, o novo povo de Deus, que está no mundo vivenciando as alegrias e as esperanças, as tristezas e as angústias com todos os homens e mulheres de hoje, sobretudo com os pobres[30]. A liturgia é o ápice e a fonte da vida eclesial[31]. É a festa da comunhão eclesial, na qual se celebra a ação do Senhor Jesus, que, por seu mistério pascal, assume e liberta o Povo de Deus[32].

17. A Igreja, Povo de Deus convocado para o culto, cresce e se constrói ao escutar a Palavra de Deus. Os prodígios que de muitas formas Deus realizou na história da salvação fazem-se presentes, de novo, nos sinais da celebração litúrgica, de um modo misterioso, mas real. Portanto, sempre que a Igreja, na celebração litúrgica, anuncia e proclama a Palavra de Deus, se reconhece a si mesma como o povo da nova aliança[33].

18. A Igreja continua na liturgia a ação de Jesus Cristo que, como em Emaús, exorta a aprofundar o conjunto das Escrituras[34]. Assim, "a Igreja perpetua e transmite a todas as gerações tudo o que ela é e tudo o que ela crê, de tal modo que, ao longo dos séculos, vai caminhando continuamente para a plenitude da verdade

---

30 Cf. SC 7; GS 1; 26; CNBB, Doc. 43, n. 53.
31 Cf. SC 10.
32 Cf. Puebla 918.
33 Cf. OLM, n. 7. "O povo de Deus congrega-se antes de mais nada pela Palavra do Deus vivo" (PO 4).
34 Cf. OLM, n. 3; Lc 24,27.

divina, até que nela mesma se realize completamente a Palavra de Deus"[35].

19. Atenção pastoral merecem as celebrações ecumênicas da Palavra de Deus. Nestas celebrações a primazia recai sobre o espírito de unidade à luz da Palavra de Deus. Para isto, as celebrações ecumênicas devem ser preparadas previamente, com a colaboração e aprovação das partes interessadas, no que diz respeito aos textos bíblicos, cantos, orações, exercício dos ministérios e partilha da Palavra. Na organização do ambiente e dos elementos celebrativos, respeita-se a sensibilidade religiosa dos participantes. Importa ressaltar que o testemunho da unidade entre os cristãos é um imperativo da fé: "para que o mundo creia" (Jo 17,21).

Ação simbólica

20. Deus e a pessoa humana exprimem suas relações, através de sinais, símbolos e objetos[36]. A celebração da Palavra, como toda a celebração litúrgica, se faz com "sinais sensíveis"[37]. A participação do povo no acontecimento celebrado expressa-se com palavras, gestos, ações e ritos. A expressão simbólica da celebração "exprime e estimula os pensamentos e os sentimentos dos participantes"[38]. O gesto corporal revela a fé e a comunhão.

---

35 OLM, n. 9.
36 Cf. Puebla 920; CNBB, Doc. 43, nn. 39-40.84.
37 SC 7.
38 IGMR, n. 20. "As atitudes corporais, os gestos e as palavras com que se exprime a ação litúrgica e se manifesta a participação dos fiéis, não

Os discípulos, ao verem o Senhor, "prostraram-se diante dele"[39]. "O que vimos e ouvimos vo-lo anunciamos para que estejais também em comunhão conosco. E a nossa comunhão é com o Pai e com o seu Filho Jesus Cristo"[40]. A Palavra de Deus na liturgia é sinal celebrativo. É sinal enquanto contém e expressa a realidade da salvação. Ela proporciona o encontro da comunidade com o próprio Deus que se comunica e se faz presente em Jesus Cristo.

Ação ministerial

21. A proclamação eclesial e litúrgica da Palavra de Deus é uma realidade ministerial. Por vontade divina, o novo povo de Deus está formado por uma variedade de membros; por esta razão, são também vários os serviços e as funções que correspondem a cada um, no que se refere à Palavra de Deus. Na celebração, cada um tem o direito e o dever de contribuir com sua participação, de modo diferente segundo a diversidade de função e de ministérios[41].

---

recebem seu significado unicamente da experiência humana, de onde são tirados, mas também da Palavra de Deus e da economia da salvação, à qual se referem" (OLM, n. 6).

39 Mt 28,17.
40 1Jo 1,3.
41 Cf. IGMR, n. 58; cf. OLM, n. 8.

A escuta da Palavra gera vida nova

22. Quando Deus comunica a sua Palavra, sempre espera uma resposta, que consiste em escutar e adorar "em Espírito e Verdade"[42]. O Espírito Santo age para que a resposta seja eficaz, para que se manifeste na vida o que se escuta na ação litúrgica. Assim, procurem os fiéis que aquilo que celebram na liturgia seja uma realidade em sua vida e costumes e, inversamente, o que fizerem em sua vida se reflita na liturgia[43].

23. A escuta da Palavra suscita o arrependimento e estimula à conversão. "A Palavra de Deus é viva e eficaz, mais penetrante do que qualquer espada de dois gumes; penetra até dividir alma e espírito, junturas e medulas"[44]. Ela põe em crise as situações erradas, provoca uma revisão, suscita o compromisso. "Senhor, eis que eu dou a metade de meus bens aos pobres, e se defraudei a alguém, restituo-lhe o quádruplo"[45].

24. As celebrações da Palavra de Deus atuam e frutificam à medida que há uma resposta de vida de fé, de esperança e de caridade da parte dos que escutam. A resposta de fé supõe explicação e compreensão da Palavra. "Como é que vou entender se ninguém me explicar"?[46] Daí se pode entender a necessidade do estudo da Sagrada

---

42 Jo 4,23.
43 Cf. OLM, n. 6.
44 Hb 4,12.
45 Lc 19,8
46 At 8,31a.

Escritura, a ser planejado de maneira correspondente às necessidades das pastorais e da pastoral de conjunto.

25. Apoiando-se na Palavra de Deus, as pessoas se tornam mais solidárias e fazem dos momentos celebrativos um encontro festivo e comprometido com o próprio Deus da vida, que é Palavra que ama, salva, transforma e liberta.

Relação entre a Palavra de Deus e a Eucaristia

26. A Igreja cresce e se edifica ao escutar a Palavra de Deus e ao celebrar a Eucaristia como memorial da morte e ressurreição de Jesus Cristo, até que ele venha[47]. A Palavra de Deus proclamada conduz à plenitude do mistério pascal de Cristo crucificado e ressuscitado. Com efeito, o mistério pascal de Cristo, anunciado nas leituras e na homilia, realiza-se por meio da Eucaristia[48].

27. A Palavra de Deus e mistério eucarístico foram honrados pela Igreja com a mesma veneração[49], embora

---

47 Cf. CDAP, n. 1; cf. OLM, n. 44.

48 OLM, n. 24, "Os fiéis ao escutarem a Palavra de Deus reconheçam que as maravilhas anunciadas atingem, o ponto alto no mistério pascal, cujo memorial é sacramentalmente celebrado na Missa. Assim, recebendo a Palavra de Deus e por ela alimentados, os fiéis na ação de graça são levados a uma frutuosa participação nos mistérios da salvação" (*Instr. Eucharisticum Mysterium*, n. 10).

49 "A Igreja sempre venerou as divinas Escrituras, da mesma forma como o próprio Corpo do Senhor" (DV 21; cf. SC 48); "Como Cristo veio escondido no Corpo... assim também toda a Sagrada Escritura é sua incorporação" (Orígenes, *Com. Series* in Mt 27, CCS 38,45); "Vocês que podiam participar dos Santos Mistérios, sabem: quando lhes é dado o Corpo de Cristo, vocês o guardam com todo o cuidado e veneração, para

com diferente culto. "A Igreja sempre quis e determinou que assim fosse, porque, impelida pelo exemplo de seu fundador, nunca deixou de celebrar o mistério pascal de Cristo, reunindo-se para ler todas as passagens da Escritura que a ele se referem e realizando a obra da salvação, por meio do memorial do Senhor"[50].

28. "A Igreja alimenta-se com o Pão da Vida na mesa da Palavra de Deus e do Corpo de Cristo"[51]. "Na Palavra de Deus se anuncia a aliança divina e na Eucaristia se renova esta mesma aliança nova e eterna. Na Palavra recorda-se a história da salvação, na Eucaristia a mesma história se expressa por meio de sinais sacramentais"[52]. Portanto, a Palavra conduz à Eucaristia. Se, por um lado, a Palavra encontra sua realização na Eucaristia, por outro a Eucaristia tem, de certo modo, seu fundamento na Palavra.

---

que nada caia no chão e nada se perca do dom sagrado. Porque vocês se sentem culpados, se algo cair por negligência. Se tomam tanto cuidado para guardar o seu Corpo — e têm razão —, como podem então pensar que seja uma culpa menor desprezar a Palavra de Deus?" (Orígenes, *Homilias sobre Haxat. Na Tradução de Rufino*, Ex 13,3; CCS 29, 274). "A Palavra de Cristo não é menos que o Corpo de Cristo" (Cesário de Arles, in *Serm* 78,2); "Bebe-se o Cristo no cálice das Escrituras como no cálice Eucarístico" (Sto. Agostinho, *Enrr. In Ps.* 1,33); "O verdadeiro Cristo está na sua Palavra e na carne" (Sto. Agostinho, *In Ev. Joanis, Tract.* 26,12; CCL. PL 36,266).

50 OLM, n. 10.

51 "Na missa se prepara tanto a mesa da Palavra de Deus como a do Corpo de Cristo, para ensinar e alimentar os fiéis" (IGMR, n. 8); "A Igreja alimenta-se com o Pão da vida na mesa da Palavra de Deus e do Corpo de Cristo" (*Inst. Euch. Myserium*, n. 10; cf. DV 21; PO 4, 18; SC 48,51).

52 OLM, n. 10.

29. A celebração eucarística é o verdadeiro centro de toda a vida cristã, para a qual convergem e se unem as atividades pastorais, os ministérios eclesiais e os demais sacramentos[53]. "Nenhuma comunidade cristã se edifica sem ter a sua raiz e o seu centro na celebração da santíssima Eucaristia"[54].

30. Palavra de Deus e Eucaristia são duas formas diferentes da presença de Jesus Cristo no meio do povo da nova aliança. O ideal seria que todas as comunidades cristãs pudessem celebrar a Eucaristia, especialmente, aos domingos. Todavia, inúmeras razões, como: a falta de ministros[55], o aumento do número de comunidades cristãs, sua dispersão em lugares afastados e outros motivos, impedem que as comunidades participem da celebração eucarística dominical[56].

O domingo, Dia do Senhor e da comunidade

31. O domingo é uma instituição de origem especificamente cristã[57]. Começou com a reunião dos primeiros cristãos para celebrar a memória da morte e ressurreição de Jesus Cristo que se deu no primeiro dia

---

53 Cf. *Instr. Euchr. Mysterium*, n. 6.
54 CDAP, n. 25; cf. *Instr. Euchr. Mysterium,* nn.7 e 8.
55 Idem, n. 2.
56 Idem, n. 3.
57 Cf. At 20,7; Ap 1,10; 1Cor 16,2; "O Dia do Senhor", *Didaqué* 14,1; S. Justino, *I Apologia* 67,7.

da semana[58]. A celebração do Senhor ressuscitado e a ação de graças (Eucaristia) são os elementos essenciais do domingo cristão[59]. Os irmãos reunidos oravam, escutavam a Palavra e eram alimentados com o alimento divino (fração do pão)[60].

32. O domingo é o dia da Igreja. Dia da comunidade reunida em nome do Senhor. Nesse mesmo dia, o Filho enviou de junto do Pai, o Espírito Santo sobre seus discípulos[61]. E os enviou como mensageiros da Boa-Nova[62]. O dia do Senhor devia ser vivido na alegria[63], dia da grande libertação, sinal profético da reunião universal de todos os eleitos diante do Trono de Deus, cantando seus louvores[64].

33. O domingo era tão significativo para os primeiros cristãos, que eles se sentiam verdadeiramente convidados a participar da reunião comunitária. Nem o risco de vida, a prisão ou as torturas os afastavam das

---

58 Cf. Mt 28,1; Mc 16,1 2; Lc 24,1-13; Jo 20,1-19; At 4,31; 12,12; 14,27; 15,30; 1Cor 11,17-18.

59 Cf. 1Cor 11,20; At 20, 7,7-12; *Didaqué* 14,1-2; S. Justino, *I Apologia* 67, 3-5.

60 Cf. At 2,42; 20,7-12; "Reuni-vos no dia do Senhor para a fração do pão e agradecei", *Didaqué* 14,1; "Terminadas as orações... se apresentam ao que preside os irmãos pão e um cálice de água e vinho misturado... os que entre nós são chamados diáconos dão a cada um dos presentes parte do pão, do vinho e da água eucaristizados", S. Justino, *I Apologia* 65,2-5; 67,5; *Didascalia*, II, 47,1; Tertuliano, *De Oratione*, 9,4; S. Cipriano, *Epist.* 63,15-16; SC 106.

61 Cf. At 2,1-4.

62 Cf. At 2,4; 1,8; Jo 20,21-23.

63 Cf. *Didascalia dos Aposts.* V, 20.

64 Cf. Ap 7,10-12.

celebrações dominicais. Faltar à assembleia dominical é amputar o Corpo de Cristo[65]. Reunir-se e tomar parte na liturgia dominical, na escuta da Palavra, na participação no corpo e no sangue do Senhor, era expressão de pertença a Cristo[66]. Sinal da alegria pela presença do Espírito Santo e pela comunhão com o Senhor glorificado e pela esperança de sua volta[67].

34. Tomar parte da assembleia litúrgica, trata-se de um imperativo que brota da fé e da comunhão com a Igreja de todos os tempos, em torno do Ressuscitado. Daí que, para aquele que crê, e se sente integrado numa comunidade de fé, "reunir-se no dia do Senhor", mais que uma obrigação preceitual, é um privilégio.

35. O cuidado pastoral deverá considerar a assembleia dominical como a reunião do Povo de Deus convocado para celebrar a Páscoa do Senhor. Desse modo, os

---

65 "Não podemos viver sem celebrar o Domingo — *sine dominico non pussumus* — (*Ata dos Mártires* X, BAC 75, p. 984; cf. Plínio, o moço, Carta 10,96(7)7). O sentido cristão dos fiéis, quer no passado, quer hoje em dia, teve sempre em tão grande hora o domingo, que mesmo nos tempos de perseguição e nas regiões de cultura afastada ou até opostas à fé cristã, de modo nenhum aceitou substituir o dia do Senhor", CDAP, n. 11.

66 Cf. 1Cor 10,16-17; "Em tua pregação, ó bispo, recomenda e persuade o povo a frequentar a Igreja com assiduidade... e não mutilar a Igreja, desligando-se dela, e não amputar de um membro o Corpo de Cristo... Não prives o Senhor de seus próprios membros. Não dividais o seu Corpo, não dissipeis os membros e não prefirais os negócios do século à Palavra divina..." (*Constituições Apostólicas*, Livro II, 59, 1-3; *Sources Chrétiennes* 320, p. 325).

67 Cf. *Didaqué* 10,6; "Cada um deve ter a preocupação de ir à assembleia, onde floresce o Espírito Santo" (*Tradição Apostólica de Hipólito*, Petrópolis, 1971, p. 64).

fiéis serão, por sua participação ativa na ação litúrgica dominical, fortalecidos em sua fé e no testemunho de sua vida eclesial[68].

36. O domingo, além de ser o dia do Senhor e da comunidade, é também o dia de alegria e de repouso do trabalho, expressão de liberdade e de convivência fraterna. O repouso dominical é sinal de libertação e proclamação da grandeza da pessoa humana, "que sem dúvida, tem mais valor do que os negócios e os processos produtivos"[69].

37. A sociedade consumista e secularizada perdeu o sentido religioso do domingo. O mundo do trabalho por turnos, a mentalidade de produção e o regime urbano de vida estão enfatizando outras dimensões. Não tendo tempo disponível durante a semana, as pessoas ocupam o domingo nos afazeres domésticos ou em serviços que possam ajudar na subsistência familiar. Muitas famílias procuram, fora da cidade, a superação da tensão gerada pela vida cotidiana, por vezes, em realidades opostas ao sentido cristão do domingo[70].

---

68 Cf. CDAP, nn. 15 e 16; Instr. *Euch. Mysterium*, n. 25.
69 CDAP, n. 16; cf. CNBB, Doc. 43, n. 116. O descanso dominical, contudo, não se reduz ao repouso necessário à restauração das energias gastas pelo esforço do trabalho. É muito mais que isso. É sobretudo um espaço de exercício da liberdade e da solidariedade. De liberdade, porque torna possíveis as ocupações de livre escolha, as quais mais se prestam à afirmação e realizações pessoais.
70 Cf. CNBB, Doc. 43, nn. 117 e 118.

A celebração dominical

38. Os fiéis sejam instruídos acerca do significado da assembleia dominical. Onde não for possível a celebração eucarística, possibilitem às comunidades eclesiais a celebração da Palavra de Deus. Deste modo, seus membros, terão acesso aos tesouros da Sagrada Escritura e da oração da Igreja[71]. "A celebração da Palavra, mesmo com a distribuição da comunhão, não deve levar o povo a pensar que se trata do Sacrifício da missa"[72].

39. As celebrações dominicais da Palavra de Deus sejam acompanhadas de uma oportuna catequese aos fiéis sobre o seu sentido, e se proporcione uma adequada formação litúrgica aos que nelas desempenham serviços e ministérios.

40. Mesmo tendo presente o valor pastoral e sacramental das celebrações dominicais da Palavra de Deus, não se devem ocultar questões sérias, como a dos ministérios e do direito das comunidades à celebração mais frequente da Eucaristia. O Papa João Paulo II lembra que a Eucaristia é o centro das formas de oração e o fundamento indispensável para as comunidades cristãs[73].

41. No Ano Litúrgico, além do domingo, existem outros momentos importantes na vida da Igreja, que precisam ser celebrados. Neles revive-se o mistério pascal. São as solenidades relacionadas a Jesus, como o

---

71 Cf. CDAP, nn. 18-22.
72 CNBB, Doc. 43, n. 98.
73 Cf. Carta encíclica de João Paulo II, *Redemptoris Missio*, n. 51.

dia de Natal e o Corpo e o Sangue de Cristo e as festas da Virgem Maria, como o dia da Imaculada Conceição, Santa Mãe de Deus e outros acontecimentos importantes da comunidade e da sociedade.

Equipe de celebração

42. A celebração da Palavra de Deus, como expressão da Igreja reunida, supõe a presença de uma equipe de celebração que a prepare, anime e integre os diversos serviços: do acolhimento fraterno, da presidência, da animação, do canto, da proclamação das leituras e outros. Para o seu bom desempenho, requer-se para a equipe a formação litúrgica. Convém que dela participem crianças, jovens, homens e mulheres.

43. No momento de preparar a celebração, a equipe considere os seguintes elementos: situar a celebração no tempo litúrgico e na realidade de vida da comunidade; ler e refletir os textos bíblicos, percebendo sua mensagem central; prever os comentários, as orações, os cantos, os gestos e as expressões simbólicas que a vida da comunidade e a Palavra de Deus sugerem. Após a elaboração do roteiro da celebração, a equipe distribua corresponsavelmente os serviços, visando à participação ativa de toda a assembleia.

Espaço celebrativo

44. Embora toda a terra seja santa, "A Igreja, como família de Deus, precisa de uma casa para reunir-se, dialogar, viver na alegria e na comum-união os grandes momentos de sua vida religiosa"[74]. Por isso, o espaço celebrativo seja funcional e significativo, de tal modo que favoreça:

— a participação ativa da assembleia;

— o exercício dos diferentes ministérios. O espaço celebrativo visa suscitar em todos a recordação da presença de Deus que fala ao seu povo.

45. Tenha-se cuidado com a disposição e ornamentação do espaço celebrativo. Valorizem-se as expressões da arte local. O bom gosto criará um ambiente religioso, digno, agradável, levando-se em conta a cultura própria da região. A configuração do espaço celebrativo deverá ser tal que ponha em destaque a mesa da palavra, e que os ministros possam facilmente ser vistos e ouvidos pela assembleia.

46. A dignidade da Palavra de Deus requer, no espaço celebrativo, um lugar próprio para a sua proclamação. Convém que a "mesa da Palavra" ocupe lugar central. Nela são proclamadas as leituras bíblicas. Aí aquele que preside dirige-se à assembleia e profere as orações. Para a "Mesa da Palavra" convergem as atenções de todos os presentes.

---

[74] CNBB, Doc. 43, n. 141.

47. Os livros litúrgicos requerem sejam tratados com cuidado e respeito, pois é deles que se proclama a Palavra de Deus e se profere a oração da Igreja. Por isso, na celebração, os ministros tenham em sua mão livros belos e dignos, quer na apresentação gráfica quer na encadernação.

48. A acústica e o sistema de som merecem um cuidado especial para permitir a comunicação da Palavra, a escuta e a resposta da assembleia impregnando o ambiente de nobreza e de religiosidade.

49. A diversidade de ministérios na celebração é significada exteriormente pela diversidade das vestes, que são sinais distintivos da função própria de cada ministro. Na celebração da Palavra podem-se adotar vestes litúrgicas confeccionadas segundo a sensibilidade e o estilo próprio das culturas locais. Por sua vez, a diversidade de cores tem por finalidade exprimir de modo mais eficaz, o caráter dos mistérios da fé que se celebram e o sentido da dinâmica da vida cristã ao longo do ano litúrgico.

SEGUNDA PARTE

Elementos para o roteiro da celebração

50. Há entre as comunidades eclesiais uma diversidade de roteiros para a celebração da Palavra de Deus. Será de grande proveito que as equipes de liturgia das comunidades e dioceses, deem sua colaboração na elaboração de roteiros que expressem, de forma inculturada, a riqueza do mistério de Deus na vida do povo.

51. As celebrações dos sacramentos possuem um ritual próprio. No caso da celebração da Palavra de Deus, não existe um ritual específico. Muitas comunidades simplesmente seguem o esquema da Celebração Eucarística, omitindo algumas partes. Outras comunidades usam o roteiro sugerido por folhetos litúrgicos.

52. Se, por um lado, há certa liberdade na celebração da palavra, por outro, há uma lógica a ser observada que, no seu conjunto, reflete uma coerência teológico-litúrgica: o Senhor convida e reúne, o povo atende e se apresenta; o Senhor fala, a assembleia responde professando sua fé, suplicando e rezando, louvando e bendizendo. A comunidade com ritos, gestos e símbolos expressa e renova a Aliança de Deus com o seu povo e deste com Deus. A assembleia é abençoada e enviada em missão na construção de comunidades vivas.

53. É necessário situar a celebração da Palavra de Deus no contexto do tempo litúrgico e na vida da comunidade. Tenha-se presente os acontecimentos e esteja-se atento à realidade das pessoas que vão celebrar[75]. Para garantir o ritmo celebrativo procure-se integrar de forma harmoniosa, movimento e descanso, gesto e palavra, canto e silêncio, expressão e interiorização, ação dos ministros e participação da comunidade. É preciso levar em conta as exigências da comunicação e da cultura do povo.

54. Na celebração da Palavra sejam devidamente valorizados os seguintes elementos:

— 1º reunião em nome do Senhor;

— 2º proclamação e atualização da palavra;

— 3º ação de graças;

— 4º envio em missão[76].

55. O roteiro da celebração da Palavra deve ser organizado de tal modo que favoreça a escuta e a meditação da Palavra de Deus, a oração e o compromisso de vida[77].

56. A celebração possibilite o encontro de comunhão afetivo e efetivo entre Deus e as pessoas, e seja capaz de penetrar as dimensões mais profundas da vida. Por isso, a celebração deve respeitar a dinâmica dialogal

---

75 Cf. CNBB, Doc. 43, n. 219ss.
76 Cf. CNBB, Doc. 43, n. 9; CDAP, n. 41.
77 Cf. CDAP, n. 35.

que tem início em Deus e que provoca a resposta dos fiéis reunidos em assembleia.

Ritos iniciais

57. A celebração comunitária da Palavra preparada e realizada num clima de acolhida mútua, de amizade, de simplicidade, de alegria e de espontaneidade, favorece a comunhão e a participação dos fiéis na escuta da Palavra e na oração. "A atitude de amizade e de acolhimento acentua a valorização da pessoa, num mundo onde a técnica e o progresso nem sempre deixam espaço para a comunicação pessoal"[78]. "Por isso, a pessoa precisa ser acolhida na comunidade, com abertura e sensibilidade para os diversos aspectos e dimensões de sua identidade e existência"[79].

58. Além do "ministério da acolhida" e da postura acolhedora, alegre, disponível e bem-humorada dos ministros[80], é importante a apresentação das pessoas que tomam parte pela primeira vez, ou que estão em visita ou de passagem pela comunidade; a lembrança das pessoas ausentes por motivos de enfermidade, de trabalho ou de serviço em favor da comunidade; a recordação dos falecidos e seus familiares enlutados.

59. Nos ritos iniciais e de acolhida são importantes ainda, para se criar o clima de encontro: o ensaio de

---

[78] Cf. CNBB, Doc. 45, n. 179.
[79] Ibidem, n.180.
[80] Cf. ibidem, n. 177.

cantos, um breve tempo de oração pessoal e silenciosa, a recordação de acontecimentos da semana ligados à vida das pessoas, famílias, comunidades, diocese, país e do mundo, ligando a Páscoa de Jesus Cristo com os acontecimentos da vida.

60. O comentarista, consciente de sua função, orienta a assembleia litúrgica com breves indicações sobre os cânticos, partes e os elementos da celebração.

61. Quem preside a assembleia, com palavras espontâneas e breves, saúda e acolhe a todos e os introduz no espírito próprio da celebração, despertando na assembleia a consciência de que está reunida em nome de Cristo e da Trindade para celebrar.

62. A equipe de liturgia, em conformidade com o tempo litúrgico e os acontecimentos da vida da comunidade, poderá iniciar a celebração com uma procissão, levando a imagem do santo da devoção do povo, bandeiras, estandarte, faixas, cartazes e símbolos expressivos da realidade e da vida de fé dos presentes, entronizando a Cruz e a Bíblia e no tempo pascal, o Círio.

63. O rito penitencial é um momento importante na celebração da Palavra. Ele prepara a assembleia à escuta da Palavra e à oração de louvor. Para que a comunidade externe melhor os sentimentos de penitência e de conversão, a equipe de liturgia, de modo criativo, poderá prever cantos populares de caráter penitencial, refrões variados, expressões corporais, gestos, símbolos e elementos audiovisuais que permitam à comunidade e às pessoas externarem melhor os sentimentos de penitência

e conversão, o reconhecimento das situações de pecado pessoal e social. Tenha-se o cuidado para não prolongar este rito de modo desproporcional às outras partes da celebração.

64. Aquele que preside concluirá os ritos iniciais com uma oração. Tendo em conta a assembleia e suas condições, quem preside poderá solicitar aos presentes, após uns instantes de oração silenciosa, que proclamem os motivos de sua oração (fatos da vida, aniversários, falecimentos, problemas, alegrias e esperanças) e, depois, concluirá a oração proposta, integrando as intenções no conteúdo e no espírito do tempo litúrgico.

65. Em conformidade com o espírito da festa, com a experiência de fé e a sensibilidade cultural da comunidade poderá ser de grande proveito a inclusão de orações tiradas da piedade popular[81].

Liturgia da Palavra

66. Deus convoca a assembleia e a ela dirige sua Palavra e a interpela no hoje da História. A liturgia da Palavra compõe-se de leituras tiradas da Sagrada Escritura, salmo responsorial, aclamação ao Evangelho, homilia, profissão de fé e oração universal[82]. "Nas leituras atualizadas pela homilia Deus fala a seu povo, revela o mistério da redenção e da salvação, e oferece alimento espiritual. O próprio Cristo, por sua palavra,

---

81 Cf. CNBB, Doc. 45, n. 95.
82 Cf. CDAP, n. 41b; OLM, n. 11.

se acha presente no meio dos fiéis. Pelos cantos, o povo se apropria dessa palavra de Deus e a ela adere pela profissão de fé. Alimentado por essa palavra, reza na oração universal pelas necessidades de toda a Igreja e pela salvação do mundo inteiro"[83].

67. A equipe de liturgia pode escolher os textos bíblicos à luz dos acontecimentos da vida da comunidade. Acontecimentos esses que devem ser refletidos e celebrados pela comunidade, na perspectiva da fé e tendo como ponto de referência a Sagrada Escritura. Isto supõe que a equipe de liturgia esteja familiarizada com a Bíblia para poder escolher a passagem bíblica de acordo com cada realidade.

68. Nos dias de festa e nos domingos dos tempos fortes do Ano Litúrgico (Advento, Natal, Quaresma, Páscoa e tempo Pascal) é importante que as leituras Bíblicas sejam as indicadas para as celebrações eucarísticas, pois elas muitas vezes parecem ser um providencial "recado" de Deus para a situação concreta da comunidade.

69. A proclamação do Evangelho deve aparecer como ponto alto da liturgia da Palavra, para o qual a assembleia se prepara pela leitura e escuta dos outros textos bíblicos. Entre a 1ª leitura e o Evangelho existe uma íntima unidade que evidencia a realização das promessas de Deus no Antigo Testamento e no Novo Testamento[84].

---

83 IGMR, n. 83.
84 Cf. OLM, n. 13.

70. Convém que as comunidades, conforme as circunstâncias específicas, encontrem, dentro da variedade de gestos possíveis, ritos que permitem valorizar e realçar o Livro da Palavra (Bíblia, Lecionário e a sua proclamação solene). O Livro, sinal da Palavra de Deus, é trazido em procissão, colocado na Mesa da Palavra, aclamado antes e depois da leitura e venerado. Não é recomendável que o leitor proclame a Palavra usando o folheto[85].

71. Faz parte também da Liturgia da Palavra um tempo de meditação (silêncio, repetição, partilha) para buscar em comunidade o que o Senhor pede e para acolher a Boa-Nova que sua Palavra comunica. Por isso, evite-se a pressa que impede o recolhimento[86]. Pode-se guardar momentos de silêncio antes da motivação para a liturgia da Palavra, depois da 1ª e da 2ª leitura e ao concluir a homilia[87].

72. A Palavra de Deus a ser proclamada e a dimensão comunitária da celebração requerem dos ministros da Palavra uma adequada preparação bíblico-litúrgica e técnica. Por esta razão, leve-se em conta a maneira de ler, a postura corporal, o tom da voz, o modo de se vestir e a boa

---

85 "Os livros de onde se tiram as leituras da Palavra de Deus, assim como os ministros, as atitudes, os lugares e demais coisas, lembram aos fiéis a presença de Deus que fala a seu povo. Portanto, é preciso procurar que os livros, que são sinais e símbolos das realidades do alto na ação litúrgica, sejam verdadeiramente dignos, decorosos e belos" (OLM, n. 35; cf. IGMR, n. 35; OLM, nn. 17.36 e 37; CNBB, Doc. 45, nn. 270-271).

86 "As celebrações sejam menos apressadas e menos intelectualizadas, proporcionando maiores momentos de silêncio, interiorização e contemplação" (CNBB, Doc. 45, n. 189).

87 Cf. IGMR, n. 23; OLM, n. 28; IGHL, n. 202; CNBB, Doc. 43, n. 82.

comunicação. Proclamar a Palavra é colocar-se a serviço de Jesus Cristo que fala pessoalmente a seu povo reunido[88].

Salmo responsorial e aclamação

73. O Salmo responsorial, Palavra de Deus, é parte integrante da liturgia da Palavra. É resposta orante da assembleia à 1ª leitura. Favorece a meditação da Palavra escutada. Em lugar do refrão do mesmo salmo, podem-se cantar refrões adaptados, de caráter popular. Dar-se-á sempre preferência a um salmo em lugar do chamado canto de meditação.

74. O Aleluia ou, de acordo com o tempo litúrgico, outro canto de aclamação ao Evangelho, é sinal da alegria com que a assembleia recebe e saúda o Senhor que vai falar e da disponibilidade para o seguimento da mensagem da Boa-Nova proclamada[89].

Homilia ou partilha da Palavra de Deus

75. A homilia é também parte integrante da Liturgia da Palavra. Ela atualiza a Palavra de Deus, de modo a interpelar a realidade da vida pessoal e comunitária, fazendo perceber o sentido dos acontecimentos, à luz do plano de Deus, tendo como referencial a pessoa, a vida, a missão

---

88 O leitor "é o autor da comunicação da Palavra pela dignidade na apresentação, pelo tom de voz, pela clareza na dicção, pela humildade e convicção de estar a serviço de Deus na proclamação da Palavra" (CNBB, Doc. 2a, nn. 5.2.4.1).

89 Cf. IGMR, nn. 37-39; OLM, n. 23; CNBB, Doc. 2a, 2.3.2.2.

e o mistério pascal de Jesus Cristo. A explicação viva da Palavra de Deus motiva a assembleia a participar na oração de louvor e na vivência da caridade, buscando realizar a ligação entre a Palavra de Deus e a vida, com mensagem que brota dos textos em conjunto e em harmonia entre si, atingindo a problemática do dia a dia da comunidade.

76. Quando o diácono preside a celebração da Palavra a ele compete a homilia[90]. Na sua ausência, a explicação e a partilha comunitária da Palavra de Deus cabe a quem preside a celebração.

77. Quando oportuno, convém que a homilia ou a partilha da Palavra desperte a participação ativa da assembleia, por meio do diálogo, aclamações, gestos, refrões apropriados. Segundo as circunstâncias, quem preside convida os presentes a dar depoimentos, contar fatos da vida, expressar suas reflexões, sugerir aplicações concretas da Palavra de Deus[91]. Poderá haver troca de ideias em grupo, seguida de uma breve partilha comum e a complementação de quem preside.

78. Conforme o caso, a dramatização da Palavra, poderá ser excelente complementação da homilia, sobretudo nas comunidades menores e constituídas pelo povo mais simples, que gosta de se expressar com gestos, símbolos e encenações adequadas ao seu universo mental[92].

---

90 Cf. CDAP, n. 38.
91 Cf. CNBB, Doc. 43, n. 279.
92 Cf. ibidem, n. 280. Alguns roteiros das Celebrações da Palavra de Deus preveem, logo após a homilia, um rito penitencial motivado pela proclamação e escuta da Palavra.

Profissão de fé

79. O Creio é uma resposta de fé da comunidade à Palavra de Deus[93]. Exprime a unidade da Igreja na mesma fé e sua adesão ao Senhor. Por isso, é significativo recitar ou cantar a profissão de fé nos domingos e nas solenidades. Existem três fórmulas do Creio: O Símbolo dos Apóstolos, o Símbolo Niceno-constantinopolitano e a fórmula com perguntas e respostas como a encontramos na Vigília Pascal e na celebração do Batismo. Eventualmente, podem-se usar refrões cantados e adequados para que a comunidade manifeste a sua adesão de fé eclesial[94]. Fé é adesão incondicional feita somente a Deus e não a pessoas, instituições ou movimentos humanos.

Oração dos fiéis/Oração universal

80. A oração dos fiéis ou oração universal, em geral, tornou-se um momento bom, variado e de razoável participação nas comunidades, "onde o povo exerce sua função sacerdotal"[95]. Nela, os fiéis pedem a Deus que a salvação proclamada se torne uma realidade para a Igreja e para a humanidade, suplicam pelos que sofrem e pelas necessidades da própria comunidade, da nação, da Igreja e seus ministros[96], sem excluir os pedidos de interesse particular das pessoas.

---

93 Cf. IGMR, n. 43; CDAP, n. 41b; CNBB, Doc. 43, n. 281.
94 Cf. CNBB, Doc. 2a, nn. 2. 3. 4; idem Doc. 43, n. 282.
95 Cf. IGMR, n. 46; CNBB, Doc. 2a, nn. 2.3.5.; idem Doc. 43, n. 283.
96 Cf. IGMR, nn. 45-47; CDAP, n. 44.

81. A comunidade reunida eleva ao Senhor sua oração universal com grande simplicidade. Nas comunidades maiores, a equipe de celebração, atenta à realidade local, eclesial e litúrgica elabora os pedidos. Seria bom que, onde há o ministério das rezadeiras[97], esse momento fosse, algumas vezes, confiado a elas. É oração que brota do coração da comunidade animada pelo Espírito Santo, pela Palavra ouvida e pela vida. Por isso, não é coerente a "simples leitura de intenções de um folheto".

82. Após a oração dos fiéis pode-se fazer a coleta como expressão de agradecimento a Deus pelos dons recebidos, de corresponsabilidade da manutenção da comunidade e seus servidores e como gesto de partilha dos irmãos necessitados.

Momento do louvor

83. Um dos elementos fundamentais da celebração comunitária é o "rito de louvor", com a qual se bendiz a Deus pela sua imensa glória[98]. A comunidade reconhece a ação salvadora de Deus, realizada por Jesus Cristo e canta seus louvores. "Bendito seja o Deus e Pai de nosso Senhor Jesus Cristo, que nos abençoou com toda a sorte de bênçãos"[99]. "Ele nos arrancou do poder das trevas e

---

97 Por "rezadeiras" entende-se aquelas pessoas às quais a comunidade reconhece o carisma de rezar e "puxar as orações" em momentos especiais da vida.
98 Cf. CDAP, n. 41c.
99 Ef 1,3; cf. Ef 5,20; 2Cor 1,3.

nos transportou para o Reino do seu Filho amado, no qual temos a redenção — a remissão dos pecados"[100].

84. A comunidade sempre tem muitos motivos para agradecer ao Senhor, seja pela vida nova que brota da Ressurreição de Jesus, como pelos sinais de vida percebidos durante a semana na vida familiar, comunitária e social.

85. O momento da ação de graças ou de louvor pode realizar-se através de salmos, hinos, cânticos, orações litânicas ou ainda benditos e outras expressões orantes inspiradas na piedade popular. Isso pode ser após a oração dos fiéis, a distribuição da comunhão ou, ainda, no final da celebração[101].

86. O momento de louvor não deve ter, de modo algum, a forma de celebração eucarística. Não faz parte da celebração comunitária da Palavra a apresentação das ofertas de pão e de vinho, a proclamação da oração eucarística própria da missa, o canto do Cordeiro de Deus e a bênção própria dos ministros ordenados[102]. Também nas celebrações da Palavra não se deve substituir o louvor e a ação de graças pela adoração ao Santíssimo Sacramento.

Oração do Senhor: Pai-Nosso

87. A oração do Pai-Nosso, que nunca deverá faltar na celebração da Palavra, pode ser situada em lugares

---

100 Cl. 1,13-14.

101 Cf. CDAP, nn. 45a e 48; CNBB, Doc. 43, n. 101.

102 Cf. CDAP, n. 45b; CNBB, Doc. 43, n. 98.

diferentes conforme o roteiro escolhido para a celebração. A oração do Senhor é norma de toda a Oração do Cristo, pede o Reino, o pão e a reconciliação, e expressa o sentido da filiação Divina e da fraternidade. Evite-se sua substituição por cantos ou orações parafraseadas. O Pai-Nosso pode ser cantado por toda a assembleia.

Abraço da paz

88. O abraço da paz é expressão de alegria por estar junto aos irmãos e irmãs, é expressão da comunhão fraterna, é importante portanto que na celebração haja um momento para este gesto. Poderá variar o momento conforme o enfoque da celebração que estamos vivendo. Pode ser no início da celebração, após o ato penitencial, após a homilia, onde se realiza normalmente ou no final da celebração.

A comunhão eucarística

89. Nas comunidades onde se distribui a comunhão durante a celebração da Palavra, o Pão Eucarístico pode ser colocado sobre o altar antes do momento da ação de graças e do louvor, como sinal da vinda do Cristo, pão vivo que desceu do céu[103].

90. Compete ao ministro extraordinário da comunhão distribuir a sagrada comunhão todas as vezes que não houver presbítero ou diácono em número

---

103 Cf. CDAP, n. 45b.

suficiente e que as necessidades pastorais o exigirem[104]. A comunhão eucarística, de preferência seja distribuída da mesa (do altar).

Ritos de Comunhão

• Oração do Pai-nosso,
• Saudação da Paz,

Oração: Senhor todo-poderoso, criastes todas as coisas e nos destes alimentos que nos sustentam, concedei-nos crescer na vida espiritual pelo pão da vida que vamos receber, Por Jesus Cristo vosso Filho, na unidade do Espírito Santo.

• O ministro, toma a hóstia e, elevando-a, diz em voz alta voltado para a assembleia:

"Irmãos e irmãs, participemos da comunhão do Corpo do Senhor em profunda unidade com nossos irmãos que, neste dia, tomam parte da celebração eucarística, memorial vivo da paixão, morte e ressurreição de Jesus Cristo. O Corpo de Cristo será nosso alimento".

---

104 Cf. *A Sagrada Comunhão e o culto do mistério eucarístico fora da missa*, n. 17; CIC, cân. 910/2; cân. 230/3; Congregação para a Disciplina dos Sacramentos, Instrução *Immensae Caritatis*. 1.1s.

Portanto:
>Felizes os convidados para a Ceia do Senhor.
>Eis o Cordeiro de Deus, que tira o pecado do mundo.

ou

>Eu sou o Pão vivo, que desceu do céu: se alguém come deste Pão, viverá eternamente.
>Eis o Cordeiro de Deus, que tira o pecado do mundo.

Assembleia:
>Senhor, eu não sou digno de que entreis em minha morada, mas dizei uma palavra e serei salvo.

Se o ministro comungar, reza em silêncio:
>Que o Corpo de Cristo me guarde para a vida eterna.

E diz a cada comungante:
>O Corpo de Cristo.
>Amém!

Durante a distribuição da comunhão a assembleia canta um hino apropriado.

Pode-se guardar durante algum tempo um silêncio ou entoar um salmo ou um cântico de louvor. A seguir o ministro conclui com a oração:

Restaurados à vossa mesa pelo Pão da vida, nós vos pedimos, ó Deus, que este alimento da caridade fortifique os nossos corações e nos leve a vos servir em nossos irmãos. Por nosso Senhor Jesus Cristo, vosso Filho, na unidade do Espírito Santo.

(ou)

Fortificados por este alimento sagrado, nós vos damos graças, ó Deus, e imploramos vossa misericórdia; fazei que perseverem na sinceridade do vosso amor aqueles que fortalecestes pela infusão do Espírito Santo. Por Cristo nosso Senhor.

(ou)

Alimentados com o mesmo pão, nós vos pedimos, ó Deus, que possamos viver uma vida nova e perseverar no vosso amor solidários com vossos filhos e nossos irmãos. Por Cristo nosso Senhor.

Para o tempo pascal:

Senhor nosso Deus e Pai, pelo mistério da Páscoa que celebramos, fazei crescer em nossos corações e em nossas vidas os frutos da vossa aliança que hoje renovastes conosco. Dai-nos a alegria de vos servir, apesar das muitas dificuldades de cada dia. Por Cristo nosso Senhor.

Avisos:

Ministro invoca a bênção sobre os presentes:
Que o Senhor nos abençoe, guarde-nos de todo o mal e nos conduza à vida eterna.

Amém!

(ou)
O Senhor nos abençoe e nos guarde!
O Senhor faça brilhar sobre nós a sua face e nos seja favorável!
O Senhor dirija para nós o seu rosto e nos dê a paz.
Que o Senhor confirme a obra de nossas mãos, agora e para sempre.

Amém!

Abençoe-nos o Deus todo-poderoso, Pai, Filho e Espírito Santo.

Amém!

• A alegria do Senhor seja nossa força vamos em paz e o Senhor nos acompanhe.

(ou)
• Louvado seja nosso Senhor Jesus Cristo. Para sempre seja louvado!

91. Nas comunidades onde não há distribuição de comunhão, este pode ser um bom momento para alguma ação simbólica, como: partilha do pão, recebimento do dízimo, coleta de donativos em vista de ajuda aos necessitados da comunidade. Pode-se realizar também a aspersão com água, sinal do Batismo, ou outras expressões simbólicas ligadas à experiência religiosa da comunidade.

Ritos finais — compromisso

92. Pelos ritos de despedida a assembleia toma consciência de que é enviada a viver e testemunhar a Aliança no seu dia a dia e nos serviços concretos na edificação do Reino[105].

93. Antes de se encerrar a celebração, valorizem-se os avisos e as notícias que dizem respeito à vida da comunidade, da paróquia ou da Diocese. Esses avisos podem ser uma forma de ligação entre o ato litúrgico e os compromissos da semana[106].

94. A bênção é um ato de envio para a missão e de despedida com a graça de Deus. É de suma importância que todos retornem às suas casas e ao convívio social, com um compromisso, com esperança, com a experiência de terem crescido na fraternidade e com a decisão de ser testemunhas do Reino.

---

[105] "Os ritos da conclusão indicam a relação que existe entre a liturgia e a vida cristã" (CDAP, n. 41e).
[106] Cf. CDAP, n. 49.

ANEXOS

Apresentamos alguns roteiros de Celebração da Palavra dos existentes entre as comunidades.

ROTEIRO A

Ritos iniciais: • *Acolhida* • *Breve comentário* • *Canto e procissão de entrada* • *Momento penitencial* • *Oração (intenções da comunidade)*
Liturgia da Palavra: • *Leituras bíblicas* • *Salmo responsorial e aclamação* • *Homilia* • *Profissão de fé*
Momento do louvor: • *Orações da comunidade (oração dos fiéis)* • *Hino de louvor, canto* • *Oração em forma de ladainha* • *Oração do Pai-Nosso* *Ritos de comunhão (onde for possível)*
Ritos finais: • *Oração final* • *Avisos* • *Canto final* • *Bênção final*

ROTEIRO B

Ritos iniciais: DEUS NOS REÚNE
- *Canto de entrada*
- *Procissão de entrada com símbolos*
- *Motivação*
- *Súplica de perdão*
- *Hino de glória (nos dias festivos)*
- *Oração inicial*

Liturgia da Palavra: DEUS NOS FALA
- *Acolhida da Bíblia*
- *1ª leitura*
- *Salmo responsorial*
- *Aclamação ao Evangelho*
- *Proclamação do Evangelho*
- *Partilha da Palavra*
- *Profissão de fé*

Momento do louvor: DEUS NOS FAZ IRMÃOS
- *Preces da comunidade*
- *Momento de ação de graças*
- *Canto de louvação*
- *Pai-Nosso*
- *Abraço da paz*

Ritos finais: DEUS NOS ENVIA
- *Oração final*
- *Notícias e avisos*
- *Canto final*
- *Bênção final*

ROTEIRO C

Ritos iniciais: VAMOS COMEÇAR • *Canto de acolhida* • *Procissão de entrada (cruz, velas, Bíblia)* • *Comentário e saudação*
• *Hino de louvor e oração*
Liturgia da Palavra: VAMOS OUVIR E ACOLHER A PALAVRA • *1ª leitura* • *Aclamação ao Evangelho* • *Proclamação do Evangelho* • *Partilha da Palavra* • *Profissão de fé*
VAMOS LOUVAR E AGRADECER • *Orações da comunidade* • *A comunidade oferece dons (coleta do dízimo)*
Ritos da comunhão: VAMOS PARTICIPAR DA COMUNHÃO
Ritos finais: • *Oração final* • *Avisos* • *Canto final*

ROTEIRO D

Ritos iniciais:
- *Procissão de entrada com símbolos*
- *Acolhida dos irmãos*
- *Motivação e saudação inicial*
- *Evocação da misericórdia de Deus*

Liturgia da Palavra:

Procissão da Bíblia:
- *1ª leitura*
- *Salmo responsorial*
- *Aclamação do Evangelho*
- *Proclamação ao Evangelho*
- *Partilha da Palavra*
- *Profissão de fé*

Momento do louvor:
- *Orações e súplicas da comunidade*
- *Ofertas — gesto concreto de solidariedade*
- *Pai-Nosso*

Ritos de comunhão (onde for possível)

Ritos finais:
- *Momento de silêncio*
- *Oração final*
- *Avisos e bênção final*

ROTEIRO E — *Celebração da Palavra: lembrando a Vigília Pascal para os domingos do Tempo Pascal e Tempo Comum*

Ritos iniciais: • *Entrada com o Círio ou velas acesas*
Palavra de Deus: • *Palavra de Deus*   • *Leitura bíblica*   • *Salmo responsorial*   • *Aclamação do Evangelho*   • *Proclamação ao Evangelho*   • *Homilia ou partilha da Palavra*
Resposta da comunidade: • *Profissão de fé e aspersão com água*   • *Louvores e ação de graças*   • *Oração dos fiéis (ladainha dos santos)*   • *Pai-Nosso*   • *Abraço da paz*   • *Partilha fraterna*   • *Oração final*
Ritos finais: • *Avisos*   • *Bênção, despedida*   • *Canto a Maria*

ROTEIRO F — *Celebração, onde são proclamados os sinais de sofrimento, os sinais da vida, de ressurreição e de esperança*

Ritos iniciais: • Canto de entrada   • Saudação e motivação   • Oração
Partilhando a vida vivida
Comparando a vida com a Bíblia
Rito penitencial
Oração dos fiéis   • Pai-Nosso   • Louvor e ação de graças   Profissão de fé
Comunhão
Partilha fraterna
Aviso, bênção, despedida, abraço da paz

ROTEIRO G — *Celebração da Palavra e celebração da comunhão (adaptação da missa dos pré-santificados da Liturgia Bizantina)*

Ritos iniciais: • *Entrada e bênção com a Bíblia*
Salmos
Procissão da Bíblia até a estante: • *Leituras, aclamação do Evangelho* • *Evangelho, homilia*
Oração dos fiéis
Oração da paz e abraço da paz
Procissão com o Pão Consagrado
Oração de louvor
Rito penitencial, Pai-Nosso e Vosso é o Reino
Comunhão, silêncio, oração
Avisos, bênção, despedida, canto a Maria

ROTEIRO H — *Celebração da Palavra com Celebração Penitencial*

Ritos iniciais:
• *Motivação*
• *Canto de entrada e procissão com símbolos*
• *Saudação*
• *Aspersão com água:*
   — *Entrada da água*
   — *Oração de bênção da água*
   — *Aspersão e canto*

Liturgia da Palavra: leitura bíblica
Súplica à misericórdia, salmos
Homilia ou partilha da Palavra
Momento de reconciliação: • *Procissão da cruz, canto* • *Exame de consciência* • *Súplica de perdão pelos pecados cometidos* • *Pai Nosso* • *Confissão individual (onde for possível)* • *Escolha de um gesto penitencial*
Momento de ação de graças: • *Louvor à misericórdia do Pai, salmo* • *Abraço da paz*
Ritos finais, bênção e canto

SUMÁRIO

INTRODUÇÃO 5

PRIMEIRA PARTE
Sentido litúrgico da celebração da Palavra de Deus 7

Deus fala e age em favor de seu povo 9
Memória e presença de Jesus Cristo 10
Ação e presença do Espírito Santo 11
Ação comunitária da Igreja 13
Ação simbólica 14
Ação ministerial 15
A escuta da Palavra gera vida nova 16
Relação entre a Palavra de Deus e a Eucaristia 17
O domingo, Dia do Senhor e da comunidade 19
A celebração dominical 23
Equipe de celebração 24
Espaço celebrativo 25

SEGUNDA PARTE

Elementos para o roteiro da celebração 27

Ritos iniciais 29
Liturgia da Palavra 31
Salmo responsorial e aclamação 34
Homilia ou partilha da Palavra de Deus 34
Profissão de fé 36
Oração dos fiéis/Oração universal 36
Momento do louvor 37
Oração do Senhor: Pai-Nosso 38
Abraço da paz 39
A comunhão eucarística 39
Ritos finais — compromisso 44

ANEXOS 45

Paulinas

Rua Dona Inácia Uchoa, 62
04110-020 – São Paulo – SP (Brasil)
Tel.: (11) 2125-3500
paulinas.com.br – editora@paulinas.com.br
Telemarketing e SAC: 0800-7010081